輔導迷室

區祥江

輔導迷室
作者／區祥江
總編輯／馬鎮梅
編輯／沈怡菁
美術設計／黃漢威
出版發行／突破出版社
香港沙田亞公角山路33號突破青年村
電話：2632 0000　傳真：2632 0388
電郵：breakthrough@breakthrough.org.hk
網址：http://www.breakthrough.org.hk
http://www.btproduct.com
承印／海洋印務
2005年10月初版1刷

Lost in Couselling
by Raymond Au
First Printing, First Edition, October 2005

ISBN 962-8913-03-4

CITY & Me

攤開城市的地圖，翻出文化的符號

走進城市的街道，進入生活的意象

瀏覽城市的景觀，閱讀你我的故事

■黎海華序

聆聽他人故事的，成為寫故事的，這就是區祥江創作這本小說的原委。

十三年前，我部分時間協助突破出版社書籍編輯工作。一次跟這位輔導同工午餐，聆聽他的夢想，原來他一直想寫小說，當時我正編輯他的新書《從未遇上的男性》，是輔導專書。我大概說了一些鼓勵的話吧。

一個專業剖析他人心理的，轉而剖析自己心理。對人的關懷、人性軟弱的了解，也正是小說家必備的品質、條件，兩種專業共通之處。

作者的處女航，選擇了日記體，第一人稱敘事，對他而言，自是如魚得水，如鳥翔空。這種獨白形式，正適合開向人性水深之處，換句話說，他選對了船，而這艘船是他可以

黎海華序

操控自如的。他原習慣聆聽他人獨白，如今他要用另一種藝術形式，聆聽並記錄自己靈魂的獨白。

他以「負傷的醫治者」這角色走這旅程，放下專業心理輔導的身段，寫自身的限制、掙扎。這行業有她堅守的原則，正如律師、醫生、警察一樣。這行業的灰色地帶，也正是小說的張力所在。作者開宗明義，說明這是「高危」行業，指出光榮背後的陰暗面，尊貴背後的軟弱處。

無論如何，這是一篇吸引人的故事，作者向讀者呈示的全是棘手的個案，他樂於揭開這行業的神祕面紗和神話色彩，他毫不諱言，有時面對當事人，就好比面對自己的無助和無能。做這行的還要懂得自我療傷。他以細膩的手法描繪自己如何培養生活的情趣：吃的品味、音樂的品味……字裏行間不乏自嘲：行內的人，心底知道所謂治療是怎麼一回事。無自嘲和化解壓力的能耐、本事，大概無法持久守住這崗位吧？這篇小說的創作，不也是舒緩壓力的妙方？

作者在小説末段，男主角面對泥淖深陷的個案女當事人，以「懸疑」手法，製造謎題，牽引讀者想像空間。他要走進溫柔的網羅裏，還是持守這專業的底線不踰矩？沒有交待。

對於真正小説作者，他會把這艘船開到洋海更深處，但祥江煞住了，畢竟他要守住的還是他的專業身分？走進那一間輔導斗室，是走進人生迷宮，抑或出路所在？

很高興祥江能實踐他多年前的夢想——寫小説，這算是他多年從事心理輔導的一點犒賞吧？是夢想和呼召使他踏上這艘船——專業聆聽他人故事。深信那位領航的掌舵者，必領他成為他人的祝福——在黑夜的海上，指出方向。

2005年9月6日

■ 余達心序

《輔導迷室》這短篇小説於我是一份驚喜的禮物。

驚喜，不是因為第一次讀祥江的文藝創作而發現他原來是寫作能手，而是因為小説本身着實有令人意想不到的吸引力。這小説平淡，沒有曲折明快的橋段情節，有的只是日常身邊平凡不過的小人物的小故事，來來去去，去去來來，似乎沒完沒了，同一類的問題，差不多的心結，故事也沒有什麼所謂結局。不錯，這小説讀來真有點像書中提到的巴哈的無伴奏大提琴組曲，平淡、重覆、近似囉唆、曲調可無休止的繼續下去。然而，就像巴哈的音樂，在聽似平淡、重覆、囉唆之中，卻有一種深邃的意趣，令人嚮往，心中隱然期望它不要停斷。的確，看完最後的一章，真使人有意猶未盡的感覺。

《輔導迷室》這標題語帶相關，它探索的可以是輔導者的迷惘、迷糊以至迷失。它也可以在透過故事人物在「輔導室」中所呈示的心理互動，探索這「虛擬空間」(virtual space) 中真實與虛幻的穿插與互換，襯托出一種吊詭的現象，就是心靈的引路者或生命智慧呈示的所在，可以是迷茫一片、延續虛幻的地方。它更可以，透過輔導者的心靈剖白，探索輔導這「行業」的迷失。我當然可能將太多自己的想像讀進了故事去，但這小說能勾起我這些聯想，確有它獨到的地方。

人性的執迷與自困，眾生都是一樣。受導者與輔導者都是一樣，有墮陷迷糊的時候。這小說將人性的同相，輔導者的實相，如實地剖示出來。作者自然地讓讀者穿梭於兩者之間，兩個世界其實是同一個世界；虛幻與現實也可以同時呈現。透過這小說，我想祥江不是為要 demystify 「輔導專業」而將輔導者的限制與困窘呈顯出來。反過來，輔導者的七情六慾，卻可以提供一幅真實的心靈地圖，指向超越之路。問題卻在輔導者身處的「虛擬空間」和「金剛箍」，到底是保護抑或是束縛，是非常值得我們深思的。這大抵也是整本小說最發人深省的地方，也是整個輔導行業問題焦點的所在。

我非常感激能為這小說寫序，不單感激祥江給我這榮幸，更因我確實非常喜愛這作品。自命為文藝愛好者的我，常感教會中同路甚孤，如今得祥江的作品，興奮異常。我祝願他這本作品能得廣大讀者的欣賞，也盼望教會同道珍惜這類文藝作品，更願祥江能再接再厲，繼續創作。

2005年9月

（余達心牧師現為中國神學研究院副院長及神學科教授）

今日工作日程

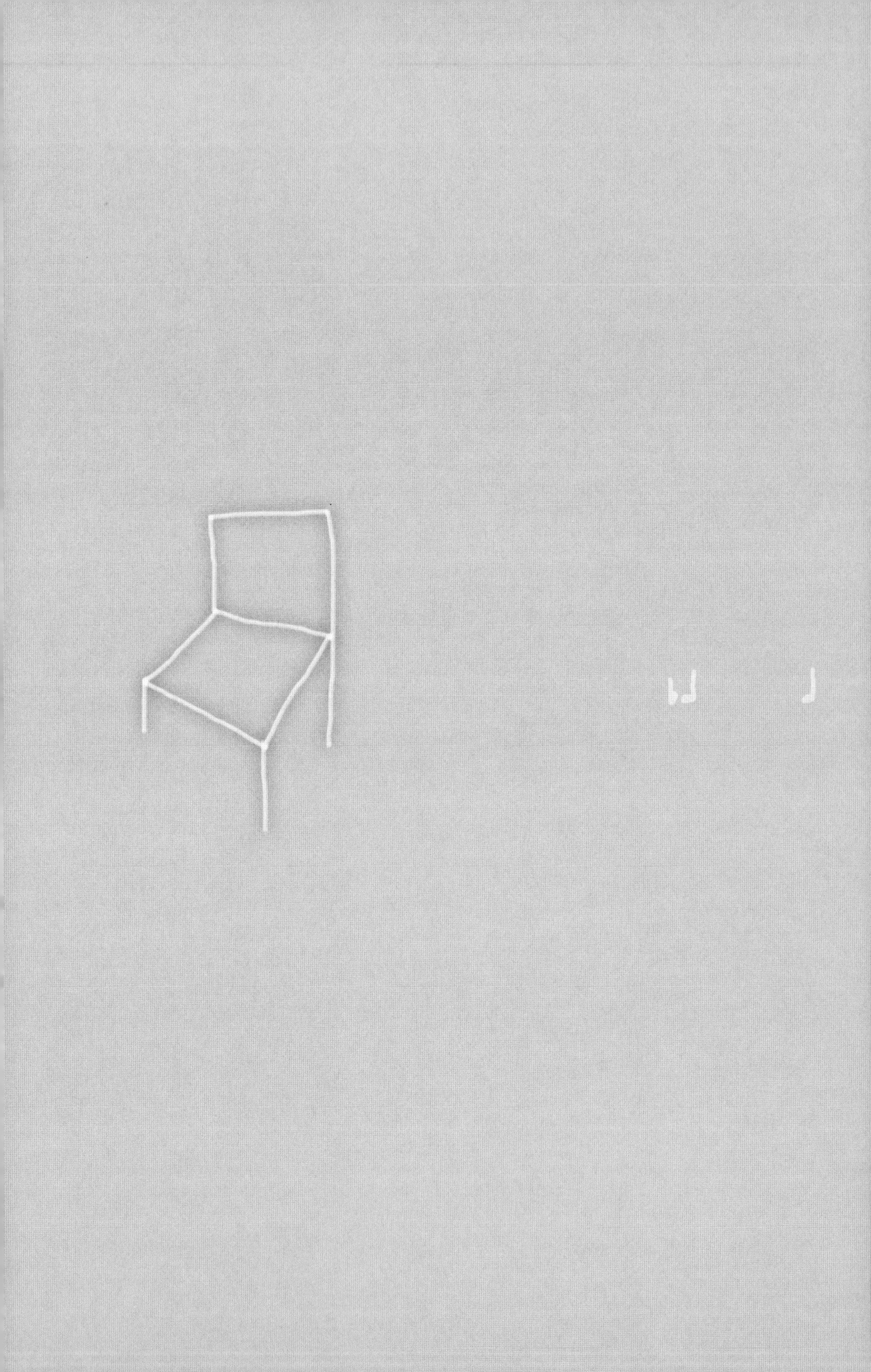

餐廳正播放巴哈的大提琴獨奏組曲……

Yes，羊排、古典音樂、Cappuccino，

就是我在情緒低落時的最佳「自療組合」。

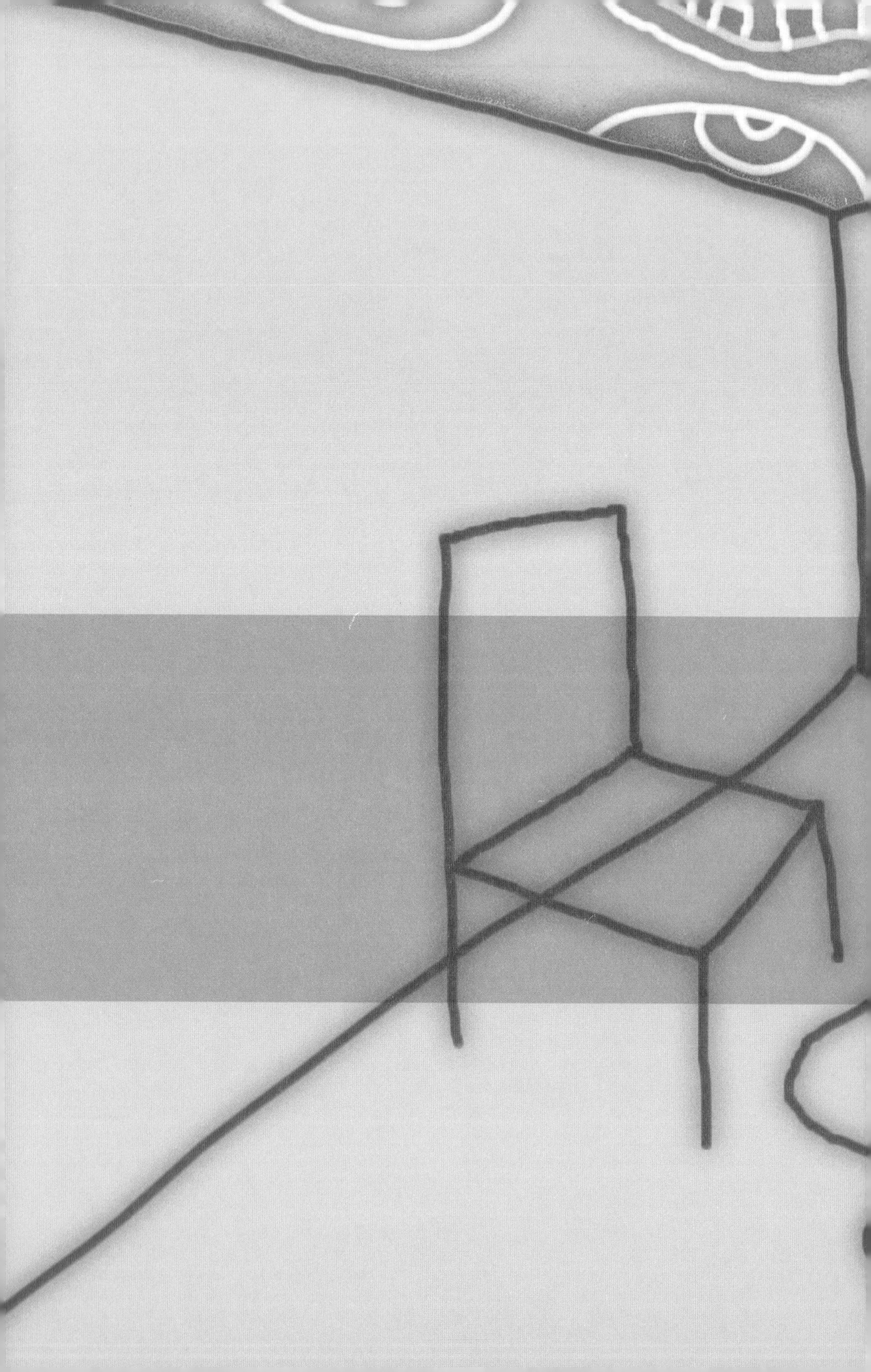

第一節

12:00pm - 12:50pm

約見 client

提筆寫今天的日記，彷彿有千斤重。

一花一世界，一天能展示的世界又會是怎樣的呢？我為什麼要將今天記錄下來？這記錄對我有何意義？——算是入行五年以來，比較難忘的一天？抑或留待日後沮喪的日子，給自己參照：看，像這天坐過山車似的一天都能渡過了，還怕以後會有什麼大起大落的景況 ?!

很多人對我任職的這個行業，總感到有一種神祕感——認為我們這行的人有一種「特異功能」，能看透人的內心種種。其實這只是一個「神話」。不錯，入行前的專業培訓有一定的基本作用，但說到所謂「特異功能」，其實也不過是經驗的累積；就像一個「看相」的人，閱人無數，見多了人的「眉頭眼額」，大概也能多少猜到眼前人的心理狀態，沒什麼大不了。只要說話時多採用「試探式」的口吻，從對方吐露的說話裏嘗試捕捉他內心基本的渴求，並不是一件難事。

我說話為什麼像在繞圈子？我想說的是，這篇日記，若有一天給一個考慮進入這行業的年輕人看到，也不是一件壞事。讓他知道這個行業在光榮背後，也有它陰暗的一面；在它帶給人釋放與安慰的同時，也隱含着高度的危險。這是一個相當「高危」的行業。來接受服務的顧客，固然要冒相當大的險而來；但「高危」是對行內的服務人員而言。其高危所在，正是在表面尊貴的背後，有不少源於人性的軟弱、自覺與不自覺的險境。我也險些兒身陷險境，彷彿在懸崖邊緣被救回來似的。

做我這行業的人，在寫作時會有很多顧忌，因為專業上要求對當事人的資料高度保密。所以，在記下一些故事，知道有機會公諸於世時，我們每每將故事內的人物背景、時間、地點，有意識地故意錯配，最好是別人看完以後，仍猜不透：世上真有此人嗎？有線索追尋到他嗎？然而故事的真實感卻依然保留，情境所牽引出來的主觀感受是真實的。這就是我這行業吊詭的地方——看似不真實的記錄，卻又是主觀上千真萬確的描寫。

說了一大堆廢話，我要正式開始我的日記了—— 一天的日記，能有多長？

第一節

早上醒來時，已經十時左右。昨晚返「夜更」，今早休息。睡房窗前的一棵大樹，數年來已長得茂密壯大；我們沒有裝上窗簾，也不怕外面的人會窺看到什麼。陽光猛烈地照射在樹葉上，今天大概是晴朗的一天。這，似乎與自己的心情不太相稱。

昨晚見完 client 回家，或許聽到的故事與性愛有關，牽引起自己的需要；但昨天下午跟太太在姻親問題上有點衝突，雖然在電話上勸解了幾句，仍感受到彼此間那份消解不去的張力。知道她心情大概不太好，但需要像開了引擎……另一方面也想藉此舒舒壓力，便用試探式手勢，探進太太的內衣……誰料她一個反身，背向着我，不發一言，像塊大石動也不動。這種無言的拒絕，大概每個已婚男人都領教過。只好打消這念頭，胡思亂想的，希望能「催眠」自己。今天一覺醒來，從自己的精神狀態，可以知道這「催眠」的過程是失敗的。

其實我很怕這種狀態——在性事上被太太拒絕、心情欠佳、精神又不好，還剛好在早上時段休息，獨個兒在家。古人都説要「慎獨」。百無聊賴，最容易是打開電腦上網。網上是一個天馬行空的世界，最高尚和最卑劣的東西都可以搜尋得到。像我這樣狀態的男人，獨自望着 google 這搜尋器，你猜在上面打上什麼好？——HiFi 網頁？ Amazon？還是一些能即時滿足自己性需要的網頁？網址其實已經記在指間。去，還是不去？

忽然想起，昨天晚上才聽到一位中年父親的獨白：他不慎沒有將色情網頁的記錄刪除，被女兒無意間發現自己瀏覽色情網，連太太也知道了。他太太責備：是我不能滿足你嗎？所以，做這些事情最好不要留下「痕跡」，寧讓人知莫讓人見。網上沉溺是近年的熱門話題。聽完這位父親的故事，我心裏暗想，我才不會這樣大意，每次瀏覽後總會進行「大清洗」。其實不少人都有一種誤會，以為色情網站最多年輕人去；事實上，那些三十多歲、已婚和有專業的男士才是「常客」。我也幫過幾位男士嘗試擺脱這種轄制，或説是「心癮」。這與男性不曉得處理自己的壓力和被拒的情緒有關，若他們有較正途的方法去處理這些問題，就不會倚賴這些色情網頁來發泄。通常我會教他們，最佳方法是離開那部私人電腦好了。電腦可怕之處，是它高度的私人性，使人在沒有監管之下，容易沉溺其中。這位父親出事的原因，正是因為他的私人電腦沒有只供他私人使用所致。

我在電腦屏幕前掙扎了數分鐘，努力擺脱「能醫不自醫」的判語。關掉它好了，逃離現場。

簡單的梳洗、每早一杯自製蒸溜咖啡、一個童年時已愛上的奶油包——有時候覺得以上動作，都是一些daily ritual，似乎沒有什麼新意，但這些 ritual 也許就是令自己有一種穩定、熟悉的感覺。現代人急劇的步伐和社會轉變，容易令人失卻自我，這些細微的生活點綴，能讓自己有「自控」的感覺。

踏出家門時，是十一時正。

到巴士總站等車。

年輕少女在夏日的衣着總是比較「惹火」，就像排在我前面的一位穿低胸衣服的女士，外貌不算漂亮，但身材倒吸引。或許是職業病吧，除了自己會裝作不經意的打量她外，我也喜歡留意其他男人色迷迷的眼光。我見到一個年輕的巴士清潔工人，有意無意地拿着掃帚走近這位小姐；那位女士正在講手提電話，在毫無防備下，被這位小伙子近距離用眼睛「掃描」。看着這個彷似不能自制的小伙子，真有點「螳螂捕蟬、黃雀在後」的快感。我笑自己，我不也是一個男人嗎？我不過是一隻較聰明的「黃雀」吧了。

上了巴士，有一股對現代科技侵襲個人空間的悶氣。我選了一個距離巴士上電視螢幕最遠的位置。試想，對於一星期乘巴士十次的人來説，不斷看一些重複的廣告或短片，是多麼令人厭煩。

還以為自己選了一個不受騷擾的好位置。巴士在下一個站停車，上車的乘客，有一個個子瘦削的男人，看上去已經不是青少年，但仍然呆呆地被掌上的遊戲機「鎖」着他的視線（或許連靈魂也被鎖上了），目不斜視，機械地猛按遊戲機上的按鈕，表面看是操控着遊戲機，其實卻像是被遊戲機所操控，我也弄不清楚，亦不想過問，但遊戲機的音量卻令人心緒不安。真討厭，我在心裏咒罵。

接着，電話鈴聲響起，一位四十來歲的男人大聲講電話，公然在巴士上向電話那一邊說了令人要掩耳的話——說什麼自己不太隨便，會怎樣令對方開心，說對方得不到丈夫滿足有多慘——簡直不知廉恥！這世代的男女關係，準確點說，是男女動物性的交易、勾搭關係，令人噁心。聽着這些說話，不單是聽覺污染，簡直是精神虐待。我眉頭一皺，避免耳朵再被污染，我從巴士上層走到下層去。無奈因為已經有很多乘客，我被迫要對着另一部電視機。電視上播放着熟悉的廣告，廣告女郎在推銷產品，同一個動作、同一款笑容，多像木偶，換上什麼人都一樣可扮演的角色。人，不過是商業社會中的一件工具；這個女郎，跟前數個月的女郎一樣。幸好，我到站了，可以離開這個資訊污染的空間。我自由了。

午飯前約了一個男 client 見面，他通常都準時。我回到辦公室，整理一下桌面的東西，就進會客室安排坐的位置。每位同事都有自己的專用房間，女同事比較花心思去裝飾，我只簡單在牆上掛了兩幅梵高的繪畫。我比較喜歡其中的一幅 *Starry Night*，那湛藍的夜空，閃耀着圓大的星星，梵高的筆觸很難形容，看上去喜歡就是了。

房內有三張穩固、有扶手的座椅，中間有一個茶几。同事們的會客室是相連的；為了高度保密的要求，房間與房間之間的隔聲設備是很不錯的。就算是在走廊經過，外面的人都不會知道會客室內的情形、在談些什麼話題。但每道房門都有一條磨砂玻璃長幅，留下一道可供「窺視」的空隙，在保密的同時，也為房間內的人提供另一種「保護」。

打點好房間後，就接到接待處小姐的電話。Client 已經付款，可以開始面談。

我已經有一個多月沒有跟他交談。他的外表沒有多大變化。進了房間，我着他坐到某個位置，我自己則坐在接近門邊的那張椅上。空氣中充斥着一種莫名的緊張。

第一節

我把門關上，房間裏就只有兩個面對面坐着的個體。我習慣性從他的眼神探詢一下——這是我們這行業的人必須掌握的基本功。我開始明白氣氛緊張的原因，他的眼神是混雜的，我不知道怎樣形容，只見當中摻雜着迷惘、憤怒和冷漠。這些年來，他的眼神愈來愈令我擔心。過去，他會用眼神詢問我：可以開始說話了嗎？但如今，他的眼神流露的是急不及待地要爭辯似的。

我快速地在腦際搜索，跳進與他相遇的時間隧道中飛馳。初認識他是五年前，當時自己初出道，滿懷熱誠地接見每一個 client。他是我最早見的 client 之一。他起初給我的印象，是一隻受驚的小鳥。那時他剛從美國回來，他在彼邦念大學一年級時，精神出現緊張，經常與外籍同學比較，而且是全面的比較，包括成績、外貌、身材。這樣的比較，當然是什麼都給比下去，於是他開始出現失眠、手震及不敢外出的情況，無奈要停學，返回香港。

對着一個羞怯和受驚的小伙子，我花了不少時間去聆聽他的故事，只是聆聽，沒有介入。如是者過了半年，我對他的問題有了初步評估。

他有強迫性思想和焦慮的情況，每當外出，例如在巴士上，他就挑與自己年紀相若的年輕人去作比較，由是生出很多自貶和批評的說話。所以，他能到我的辦公室進行面談，已是很大的突破。

問題的線索來自他的母親。他的父親是海員，很少在家。他們一家的經濟條件不算好，父親要倚靠伯父在經濟上的照顧，母親在獨力持家和寄人籬下的情況下，對他的要求十分高，望子成龍，為家庭爭光。母親採取的方法，是傳統中國人教養子女的方式，以羞恥感作為控制的武器——你看鄰家的男孩多聰明，你不努力，就會一生給人看扁。這些期望不少是母親的投射。他將母親的聲音內放成自己「內在的父母」，縱然母親不在身旁，那種批判和羞辱卻像精靈般，半步不離。

我花了不少力氣和心思，讓他分辨母親的聲音和自己真正的自我。慣性收藏自己情緒的他，在我引導下，借助「空椅」的心理技巧，我讓他將對母親深藏多年的憤怒，從anger in轉向anger out。當時，我對成果曾引以自豪，對於這一行的新丁來說，算是一項成就。但今日回想，我開始懷疑自己所做的，對他究竟是有益還是有害？

和他見面傾談了三年，到第四年時，表面上看他已好轉不少，還能夠找到一份兼職。那時我除了幫他在工作上少與人比較、多欣賞自己外，似乎基本的問題已得到解決，因此就停止了面談。直到一年前，他因工作壓力太大而辭職，偶然在街上遇到他，他提出想再約見我，於是就開始了第二階段的面談。

今天，他不用再獲得我眼神的批准，就破口大罵：「#☆（我不想重複他的粗言），他們究竟想玩什麼把戲？我走到什麼地方，他們都有『線人』，連警察都受他們指揮！我只是一個普通人，不用動員那麼多人來監察我呀！連街上張貼的街招，都充滿暗語，他們想『玩死』我嗎？」說完他猛力用拳頭擊打椅子靠臂，響聲把我嚇了一跳。當然，我仍安坐椅上，坐近門口位置的我，心理上已作好準備，有什麼「風吹草動」，我也可以盡快脱險。

兩年前，他在發出他的憤怒時，也曾試過拍打椅臂一次。想不到那時看來成功的處理，如今卻令我擔心不已。

對於自己滿腹懷疑的陳述，他已經不再是焦慮那麼簡單，他現在陳述故事的每一個細節，都有一個完整無缺的解釋系統。實在很難再跟他談現實和幻想的分別。

他仍然氣憤的向着空氣說：「你有 guts 就出面與我對質！你『攪』我不要緊，但不要連我母親都不放過！我掌握到資料，一定會向傳媒發放！你不要逼人太甚！」

我已經多次勸他去看精神科醫生，又跟他分析過，事情不會如他想像般巧合，只要以平常心去看就可以。但如今這些說話似乎不再有效。他連精神科醫生都不相信，精神科醫生也成了他整個解釋系統的一個配角。

我還可以做些什麼？因着多年來建立的信任，今天他仍然說想約見我；那些不敢向人說的「冤情」，他都向我一一細訴。我不想他捲進這半虛幻的世界，只好經常問他一些現實的問題，例如：這個星期的生活怎樣過？有約朋友吃飯嗎？目的是想將他拉回現實。但我知道，以他目前的情況，沒有藥物的幫助，我是無能為力的了。

現在回想，人性的走向真的不知道如何判斷，在他復發之前，他比以前敢言，專業用語是 assertive，但由 assertive 轉為 aggressive 卻是一線之差。我引導多年來被壓抑和受人欺負的他，將潛藏的憤怒釋放出來。但撥亂反正，卻變成矯枉過正。他這一年來在家中成了小惡霸，彷彿要討回多年來的公道似的。

這次復發的起因是有一次他乘小巴，司機「飛站」，他直言斥責，惹來口角；誰料這番口角竟慢慢演變成外人的串謀和針對，當中的細節連我也開始混亂。他的思想像天馬行空似的，什麼新聞、電台都與他有關。後期我見勢色不對，就婉轉勸他要看醫生，但他一直不肯。每次見面，讓他複述那些故事一遍，只會加深他的偏執。

他這次猛力擊打椅臂和滿口粗言，不單令我擔心，我內心更有恐懼、無助。我想逃避，在不知所措下，我這樣說：「我雖然不介意人在憤怒下說『粗口』，但太激烈的表達會令我擔心。這段日子你的情緒似乎不太平靜（本想說不太穩定），在這種情況下，我們的面談不容易繼續進行。我知道你主觀地覺得四周有很多人針對你，但老實說，在我看來，不少僅是湊巧，很難憑此斷定一個人行為背後的動機。太多負面的推測，只會令你更加不快樂和不安。有時候，藥物能夠幫助我們平復心情……或者，你下次再來見我之前，先去見見我介紹給你的醫生。當你的情緒好一點，我們的面談會更加有效。」

我知道這對他只是一番廢話，但除此之外，我還能說些什麼？亮「醫生」牌子，或許可以讓他知道，他現時這樣的情緒表達，連我也無能為力。我似乎在暗示：我幫不了太多的話，他亦未必需要再來見我。始終，我並不是救世者，他的問題似乎已經超越了我的能力範圍。

我偷偷望手錶——50分鐘的面談只過了一半。餘下的時間如何熬過去？

事實上，這幾個月來，我已將面談的次數減少，盡可能一個月才見他一次。但他卻打破過去慣常的界線，有兩次沒有預約就闖到我的辦公室來，還對接待員製造了一些滋擾。看來，我既幫不了他，但又不能拒絕他。這是我這個行業進退兩難的處境。

我靈機一觸——

「你要喝一杯水嗎？」

他過去由於焦慮所致，在面談中途往往自動要求要到房間外喝杯水，以平復內心的不安。50分鐘面談就這樣分開上半場和下半場。但這幾個月來，他不再有這個要求，到底是好轉還是惡化的跡象，我也開始模糊。但此刻要叫中場休息的，竟然是我！角色對調：內心感到焦慮的不再是他，而是為人解困解憂的我。我不禁為自己發出這個問題而自嘲。

「好！洗把臉也好。」

我如釋重負。坐在椅上，腦在不停地轉，卻轉不出什麼妙法來。

他很快就回來，臉上還有一些水點。

我先發制人。

「我們不如換一個話題。你説過自己年紀輕輕，耽在家中不好過。想找工作，但之前人浮於事，不容易找得到。最近失業率有好轉的趨勢，是時候積極找工作了，你有什麼想法？」

「我近來多在鑽研世界新聞和動態。」

慘了，他又拉回自己的問題上。

「我已掌握到一些重要機密，本想到報館披露我的苦況，但沒有一間報館理睬我。你看，他們的操控能力如此高，連小小的空間也不給我。我想過了，我要投考報館做記者，看他們如何是好？」

我有點後悔，只好東拉西扯的充塞時間。

「報業記者的生涯十分緊張，昔日不用有大學學位就可以當記者，但如今什麼都要看學歷，你沒有這方面的訓練，看來比較難入行。你懂得拍照、製作網頁嗎？看來，如果你真的有興趣，就要先在多方面裝備自己。今時今日，自己不增值，很難在工作世界幹一番事業。」

「我不是要幹什麼事業，我要的是平靜的生活。為什麼他們總不肯放過我？」

我有點無奈的說：「找到實際的興趣來充實自己，也不是一件壞事。不要終日耽在家中，找些活動，到外面多接觸新鮮事物，總好過在自己的思想中打轉。」

「你是說我嗎？」

「我沒有這個意思。」

「沒有什麼意思？」

「你認為呢？」

「不要跟我來這一套！」

「對不起，你不要誤會，我的意思不過是，你若將注意力放在開心和有益的事情上，或許心中的困擾可以減少。」

「我發覺你來來去去都是說那幾個建議，你是專業人士，為何沒有一些有見地的方案？我已經夠苦，我來這裏，不是要聽你的教訓！」

講多錯多。

「似乎我也未能切實的幫助你。你會否考慮我之前的提議？」

「你指見精神科醫生？」

「我的意思是……」

「不用多說了，你一直都不相信我，繼續說下去，都沒有意思。」

「我不是這個意思……」

「那麼，是什麼意思？」

「或許，今天大家都不在狀態……時間也差不多了，不如下次大家就檢討這幾個月來面談的進展和效用，好嗎？」

「那麼，兩星期後你有空嗎？」

「最近 client 比較多，不如維持一個月見一次好了。」

「時間依舊？」

「依舊十二時好了。」

「再見。」

「See you 。」

——I don't want to see you。見你，就如見到我自己的無助和無能。

時間是非常主觀的東西，當你全情投入，時間好像河水湍流而不覺它的飛逝，這是心理學所講的flow。在我這個行業中，當你把門關上，到底是時間飛逝，還是度日如年，有時候並不是自己能操控的。就像剛才的50分鐘，真不容易，但總算過去了。

我從窗口望到街上，看到他的背影消失在人羣中，我才安心去吃午飯。

從事我這個行業的人，要懂得「自療」。經過差不多一個小時的緊張戰鬥，我已分不清是鬥智還是鬥什麼。總之，我和 client ，沒有哪一方是勝利者，是「雙輸」。

我要找一間寧靜、有 Cappuccino 的餐廳吃午餐，讓自己躲在一角，療療傷。

點了一個羊排、芥末加mint jelly。我愛羊的羶味，芥末最好能刺辣通鼻，讓自己的 senses 醒醒神。

餐廳正播放巴哈的大提琴獨奏組曲。巴哈真的有點問題，他的創作靈感怎可能如此豐富？大提琴琴音哀怨婉轉，訴説着連綿不絕的思緒，像説不盡的話。想起徐四金的《低音大提琴》，還有馬友友的神態。幸好正播放的是 Pierre Fournier 的版本（如果我沒有聽錯），比較平實，恰到好處。馬友友的情感比較外露了一點，不配合我此刻的心情。

説到咖啡，雖然這家餐廳最著名是 Blue Mountain，但我在各式泡製咖啡的方法中，仍是比較喜歡 Cappuccino。Latte 淡了一點，Mocha 的朱古力味不太討好，Expresso 不是任何時候都喜歡。 Cappuccino 的奶和咖啡的濃度，就恰到好處。

Yes ，羊排、古典音樂、 Cappuccino ，就是我在情緒低落時的最佳「自療組合」。

有什麼比這些感官的滿足來得叫人暢快？雖然，告訴你一個祕密——我們大力鼓勵我們的clients，有什麼心事都要説出來，但我們卻並不是那麼言行一致，心口如一。不快樂的時候，我就不喜歡找人傾談。保密，只是一種掩護，有一個少説話的藉口而已。我情願讓音樂代我傾訴那些連自己也摸不清的感受。

可能是緊張，多喝了點水。要到廁所小解。

使用廁所，我是需要高度私隱的人。最喜歡用酒店式有密封間隔的廁所。最不喜歡是在坐廁上會看到隔鄰如廁者的鞋子，聽到別人如廁的聲音。當然也不喜歡讓別人聽到自己任何的小動作和聲音。

用膳的餐廳面積不大，廁所只有兩個廁格。我是不會用尿盆小解的人，我寧願等，等不到，我寧願忍。等了好一會，還沒有空位，只得回座位上去。或許等結帳後再去。

這些日常生活的小節，本來我已不再放在心上，但今天卻十分介意。我竟感到有點挫敗感：這些「小問題」自己也不能克服，怎有能力幫人？

我也曾為自己的「小問題」作過自我心理分析，是童年的創傷所致吧！大概也不會有什麼失準。

記得幼年家貧，父母租了一個房間，就這樣住了一家五口。當時去廁所很不方便，因為公廁設在屋外，每戶人家都有一個尿壺，作為晚間如廁時應急之用。幼年時被親人逼我當眾小解的次數也不少。

我家所住的石屋有一個廚房，廚房有一條小通渠，其他房客間中會用這條小通渠作為小解的地方。但這是一個狹小和公用的空間，我有無數次正在小解的時候，被人闖進見到。所以，我每次都要提高警覺，乘沒有人會出現的時間才如廁。慢慢就養成了怕在別人面前小解的情意結。可恨的是這些身體功能的反應，並不容易受操控。

我為自己設計了不同的改善方法，什麼行為治療、思想預習，卻都不湊效。我最後接受：這是我的人權。幸好多年來公眾衛生環境已大大改善，否則我真會中尿毒而死。

在我這個行業中，最了得的本領是為自己的軟弱找一個好名堂。Wounded Healer（負傷的醫治者）是其中一個相當漂亮的名稱——每一個助人者都帶着自己的傷，這負傷的治療者的傷，是他通往別人傷痛的橋樑。自己受過傷，才知道痛是怎麼一回事；只要沒有不自覺地，將自己的傷投射在別人身上，傷就是一個助人時的bonus。但反過來說，你連自己也幫不了，又怎樣去幫別人呢？心情好的時候，Wounded Healer是一個很好的稱號；心情不好時，就怪自己連微不足道的傷都要花那麼多時間去處理，還處理不到呢。我也曾質疑痊愈的可能性。而且，透過與人傾談來謀生，真的算是一門專業嗎？Talking Therapy聽起來真是太layman，不夠professional。

巴哈的大提琴第三組曲已播完，是時候離開。再到廁所一次吧！

上午就這樣過去了。

第一節

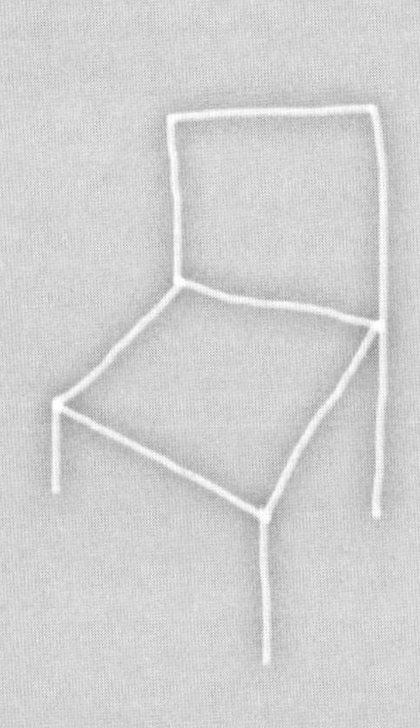

桌上放着一隻 Yo Yo Ma plays the music of

John William 的 CD，偷得浮生……

在我的 Bryston 合併機和 Dynaudio Micron

揚聲器的支援下，他的弦真的像唱起哀歌，

頗配合自己此刻的心境。

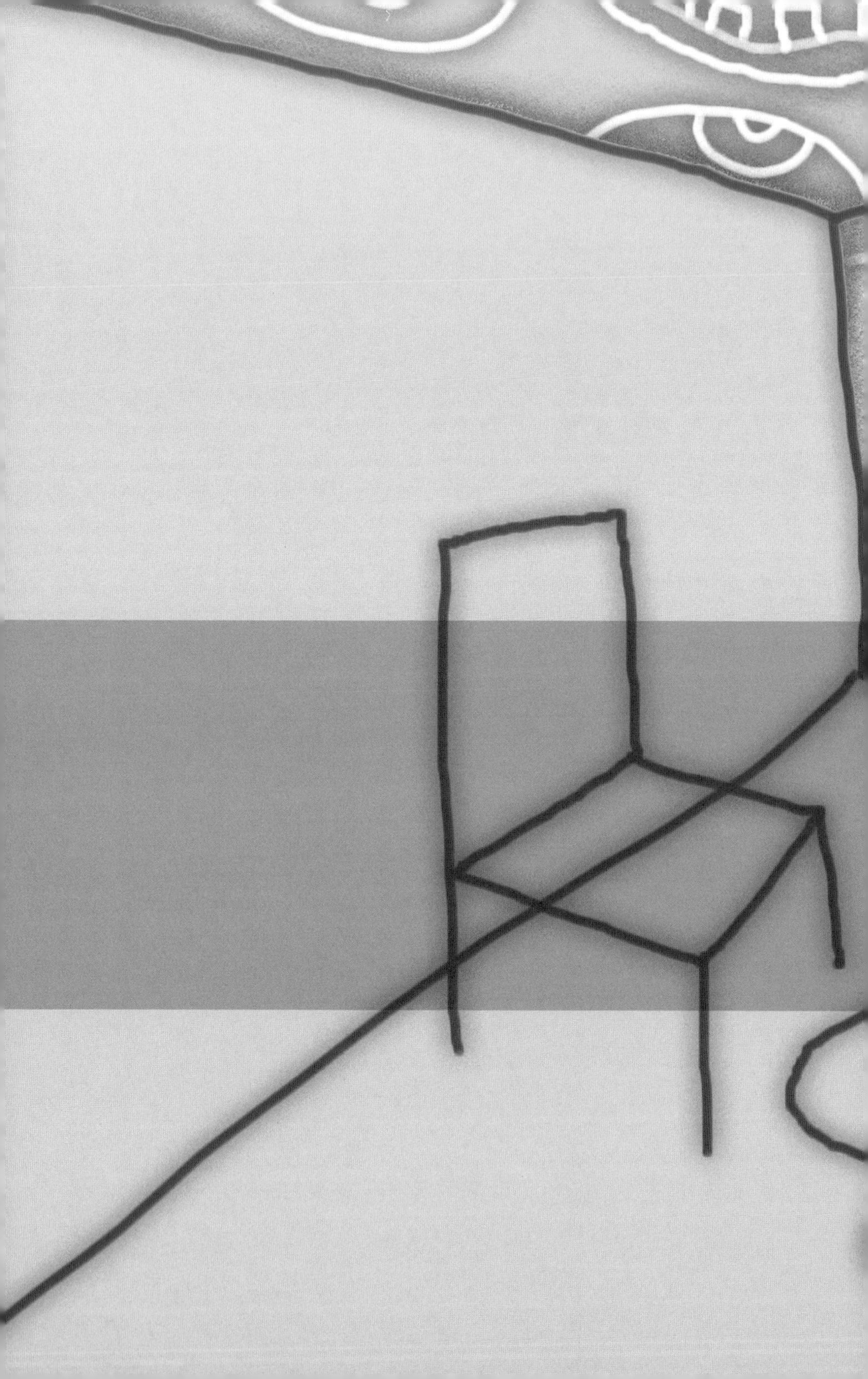

第二節

2:20pm - 3:10pm

約見 Raymond

看到這裏，你大概已經知道我的職業是心理輔導員。

這行業自佛洛依德（S. Freud）以來，已經超過100年。雖然有不同的「職稱」，包括社工、心理輔導員、心理治療師、婚姻家庭治療師、臨牀心理學家、精神科醫生等等，統統都説自己是做心理輔導的，只有行內人才能精確的區分，哪一種訓練的功力、取向和收費都各異。百多年以來，人類的精神心理問題有增無減，於是這個行業的需求愈來愈大。但論到成效、為人解困的能力，卻是「雷聲大雨點小」。行內的人，心底裏都知道所謂治療是怎麼一回事。

第二節

我入行是有點迂迴的。年輕時少不更事，中學以來就想當醫生，無奈會考和 A-level 的成績都是平平，醫科無法問津。終於讀了心理學，本是一心想助人為本，說穿了其實是想先了解自己成長的障礙。後再進修輔導心理學，畢業後就跟隨大學時的一位老師教授；他自己私人執業，我就開始了心理輔導這專業。

說來也是文明的病吧！現代人人際關係疏離，一個個割裂的靈魂，渴望得到別人的愛與接納，但每個個體都是寂寞地過着自己的生活。為了在社會上生存，每個人都以強者的面具示人，要找一個知己傾訴，是奢求。沒有人願意、或懂得提供一雙聆聽的耳朵。我這個行業，就是提供一種 artificial 的安全和親密空間，讓人可以將最私隱和最個人的東西，懷着最大的信任，全盤托出。他們所信任的，是那專業給予工作人員的認可角色。

電話響起。電話筒傳來接待處小姐的甜美聲音：「William ，2:20pm 的 client 到了。」

「謝謝。」

Raymond 是一位醫生，外貌英俊、個子高大、衣着入時。

這是第三次會見他。面談時的氣氛十分愉快，他十分懂得表達，也肯反思，行內説這類 clients 是最好做的個案。

在我看來，他的問題並不複雜。presenting problem 是與 boss 在工作上的張力。他在一間私營醫院當高級醫生，是他現時的 boss 招兵買馬時的愛將之一。他勤力、肯捱，對病人又友善，已考獲不少專科專業資格，前途無可限量。但最近他經常失眠，有時候會做惡夢。惡夢的主題內容，重複都是考試成績未達父親的要求，被父親責罵。

面對西裝筆挺的 Raymond，我心中泛起一份自豪。他的年紀比我大五年，社會階梯也比我爬得高，而且他的行業也是我童年夢想的職業，但他竟要向我求助，怎不教人暗暗喜悅？

「還有做惡夢和失眠的情況嗎？」

「好多了，謝謝。」

「上次我們得到一個 insight ，就是你的惡夢的情境，和你現時工作上的不愉快，十分有關聯——提攜你、在過去不斷肯定你的 boss，最近對你有微言，令你彷彿像一個考試不合格的孩子，受到父親的責備一樣。」

「你的分析十分準確，我回去之後，也有反覆思量。但不同的地方是，小時時我的父親是當面責備我的，但這位 boss 在平時踫面，都是笑面迎人，絲毫看不到他有不悅的表情。可是，在一些我不在場的會議，他竟然當眾批評我不合作。同事將他的説話傳到我耳中，我十分難受呢！」

「你的 boss 似乎表裏不太一致，他沒有正面處理你們兩人之間的張力。」

「其實，我也明白他的苦衷。醫院董事會派人來參觀醫院的運作，我發覺他發出那些備戰的要求，似乎有過分包裝之嫌。我們當醫生的，醫人救人才是首要的職責。我就不習慣應酬和做這些表面功夫。」

「你知道他的心意，但不太認同他處事的方式。」

「說真的，我對他有點失望。他是我的大師兄，在大學醫學院時，他是學生會會長，為人有理想又有正義感。他在事業上平步青雲，沒想到在近距離接觸之下，才看到他『勢利』、好玩弄權術的一面。」

「看到他的真面目，令你十分失望。」

「或許，我對他存有太多的幻想。」

「你的意思是……」

「工作世界，就是工作世界。我不應投入太多個人的感情。」

「不過，我有另外一個角度看工作世界的人際關係。事實上，工作間的人際關係，有點像我們成長的家庭一樣：我們渴望得到父母的愛、兄弟姊妹間有競爭、家中每人也有自己的角色，這些關係上的互動，在辦公室也會出現，彷彿是一種移情的作用。我們一個不留神，就將對父母的期望，投射在 boss 身上。」

「你的意思是，我希望在boss身上，得回父親的肯定？」

這樣聰明又有洞見的 client ，再多幾個也不失為一件叫人暢快的事！看見他表示欣賞和感激的眼神，我知道自己已獲得他的信任。對於這類clients，得到insight已算是成功了一大半，他如何回應boss的要求，如何調校對boss不切實際的期望，大概也不用我為他擔憂。

我見他反應這樣好，也有興致向他賣弄一下一些不同的觀念。

「事實上，除了用家庭系統的觀念看工作間的人際關係，你與boss之間也是一種Mentor-Mentee（師徒）間的互動。在事業上初出道，我們都渴望得到一些前輩賞識、指點迷津，甚至為我們打開『上位』的門。你的boss在這方面，應該都曾有點『貢獻』；但同時飾演boss與mentor的角色，有時會出現雙重角色的問題。他在肯定你的同時，亦不想你違逆他的意思。所以，比較理想的mentoring的關係，是能脱離工作的直接利害關係。換句話説，若易地而處，你的boss對你也相當ambivalence呢！」

「但一個好的boss或mentor，不是應該有足夠的量度，容讓徒弟有相反意見的嗎？甚至青出於藍，不也應引以為豪嗎？」

「理想終歸是理想。你若不介意，讓我『拋拋書包』？」

他點頭默許。

「我這行內有兩位鼻祖——Freud和Jung（佛洛依德和容格），也是一段師徒關係。Jung 20 歲就喪父。Freud 第一本巨著《夢的分析》，在1900年出版；Jung當時25歲，他雖然仰慕 Freud ，但缺乏深度去欣賞他的理論。六年後，Jung 寫了他的第一本書 *Diagnostic Association Studies* ，書中支持 Freud 的心理壓抑理論。 Freud 給他一封答謝的信。自此，二人就開始發展了一段師徒關係。

「他們在 1907 年第一次會面，當時 Jung 32 歲， Freud 51 歲。年紀上的差別，讓我們可以看到 Freud 足以成為 Jung 的父親。

第二節

「據 Jung 的複述，他們第一次會面的經過就已十分誇張，『我們從下午一時相聚，就不停的傾談了十三個小時。Freud 是我一生中遇到最重要的人物，無人可比。我發現他非常聰明和機靈。但我對他的第一個印象是有點困惑，我無法將他理清。』

「自此，Jung 就是 Freud 的忠實跟隨者，Freud 也視他為自己的理論繼承人。

「Freud 的父權氣質愈來愈濃，他要求 Jung 順服於他的理論，特別是他的 Psychosexual Stage Theory，語調有點像父親訓誨兒子：『應承我一件事，我的兒子。你以後逢星期日都要返教會。』

「但 Jung 之後出版了他的主要著作 *Symbols of Transformation*，正正挑戰 Freud 所強調的 sexual drive。

1913年，Jung 38歲那年，他們的關係決裂，Jung落入情緒低谷。離開Freud，他彷彿掉進無盡的黑暗之中。」

「我想，你是在借Freud和Jung的故事，來描述我和我的boss之間的張力。是的，我是相當仰慕和欣賞他，但我抗拒他對我的操控。看來問題是他那份父權的味道太濃。我不想被他窒息了自己的發展空間。」

「不過，你的boss也可能是人在江湖，身不由己。我想你也要持平一點。每個boss都想下屬給他面子，董事會壓下來的要求，或許他已經為下屬擋架了不少。在一些不違背你良心和意願的事情上，多給他面子。父親也想兒子肯定自己呢！人性就是這樣複雜和微妙！」

「看你年紀與我相若，做人卻這樣老練，真是難得。」

第二節

「過獎。」

「跟你傾談了幾次，整個人感到放鬆不少。或者短期內我也不需要再上來見你了。」

「沒問題，或許一個月後再見面也不妨，到時看看你與boss 的進展如何。」

「Thank you 。」

「See you 。」

見完 Raymond ，趁有空檔，我到咖啡間轉了一圈。

碰到Anthony，我的boss。他問起那間 I.T. 公司邀約的工作坊，我考慮得怎樣？

我知道他很想我去，因為若接了這間公司成為 Employee Assistance Program 的客人，日後與他們可能會有更多合作機會，我們公司的聲望和經濟也會更上一層樓。

「我正在考慮。時間上有點相撞——我一個多月前已答應到一間中學主講心理健康講座。」

「這類學校講座，不用你去，交給 Mary 好了。」

第二節

「不過……」

「不用說了，這間 I.T. 公司的老闆是我的老友，他也聽過你的講座，點名要邀請你。你不去的話，人家會覺得你不給面子吧？」

我的心情冷了下來。剛才我不是威風八面，指教那位醫生處理跟 boss 的關係，還說得頭頭是道的嗎？現在……

回到自己的辦公桌，電腦屏幕上的 wallpaper 是一幅 mentoring 的圖畫：一位 mentor 站在 mentee 背後，畫中有這樣一段文字：

「沒有人留意，你卻看見我在掙扎；
你大可以走過，卻沒有；
你的思想你的笑容，說服了我追求卓越；

你對我堅定的信心，激發我達到目標；

而假若我不幸落空，你依然守在我身邊；

有像你這樣的人，真是好得無比。」

沖了一杯濃度十足的即溶咖啡給自己，那苦澀味十分「應景」。

原來我說的不是 Freud 與 Jung 的故事，我開解的也不是那位英明能幹的醫生 client。我是在自說自話、自我安慰，或者準確一點說，我是在用別人的故事來自嘲。

我的父親亦是在我 20 歲那年去世。在成長期過早缺少了父親正面的肯定，令我不斷尋索一位「代父」。在大學時遇上現在的 boss ——那時是我的教授，他在批改我的功課方面，給了我很多鼓勵。曾嘗試去請教他，他像一個熟練的嚮導，解開了我很多 career path 上的疑惑，也指引我如何在專業上努力。記得有一次，他邀請我在一個 workshop 上協助他帶組。有幸與他合作，從他身上學到不少輔導訣竅。

在我們這個行業，學位並不是最重要，反而看你跟隨的督導是否大師。我現在的 boss 在行內名氣也算響噹噹。同班的同學都因我跟了這位老闆，而投以羨慕的眼光；我在暗自竊喜之餘，也感到自己前途一片光明。

但，五年過去了，我開始感受到彼此之間有不少距離。他對我少了學生時代的肯定，我也不想成為他的「翻版」。

雖然我沒有像 Raymond 一樣做惡夢，但情緒低沉不是沒有因由的。

我不自覺地看我的 boss 是坐在運動場大看台上的首席觀眾，他從這個重要席位上看着我，我要討他的歡心，但現在，我已經厭倦於博取他的喝采和讚賞，我希望做回我自己。

就像電腦屏幕上那張 wallpaper 的圖像，站在背後的 mentor，可以是看顧和支持，但若這個背後的人變成了一個巨人，你就要活在他的陰影之下。

或許，每段關係都會有一個進程。很少 Mentor-Mentee 的關係會是快快樂樂地持續下去。也許，再過五年或十年後，當我也有機會成為別人的mentor時，「歷史」可能會重演。

我知道自己失去了些什麼。我不單失去一位 mentor，更是失去一位填補父親缺席位置的人物。

或許我是太過理想主義。每一個人都有他人性的陰暗，每一段關係都有它變酸的時候。還是接受現實吧！

就讓那些 good old days 都過去吧！

自憐的時間，不宜延續太久。

多年前，有一本書名為 *Psychoanalysis: The impossible profession*。心理分析如是，心理輔導也不例外。為何稱為「不可能的行業」，這是心理分析師的慨歎，因為大部分受幫助的人都未能達到他們在理論上預期的效果或目標。那種不滿意，與理想的目標形成強烈的對比。不過，「不可能」的背後，他們的指控是受助者不可能，而並不是他們的理論或技巧不可能。

或者，這是人性的軟弱。推卸責任的技倆，心理分析師怎會不曉用？

但，我認為那「不可能」也源於治療師的不可能。Impossible profession 應該不單是指 impossible patient，也應指 impossible therapist。我不敢妄自菲薄，也不敢以自己來代表整個行業。但，假如我自己都處理不了與 boss 的關係，我又能為我的 client 定什麼可達到的目標？若那些目標對我來說都是「不可能」，我又如何能讓受助者成為「可能」？

我們要看自己看得合乎中道。否則，又是一個雙輸的局面。

第二節

寫到這裏，有點抗拒繼續寫下去。沒想到，半天多的日記，花了兩個工作天還未寫完。開始懷疑自己的寫作動機。是想記錄一些什麼？是用作自己日後的自我分析？還是不過想藉文字消消不快的心情？

但，愈寫愈感覺不快呢！

寫作，已經為自己提供了一個心理距離，但想不到在複述自己的故事時，仍感到心靈輕微的隱痛。還是不要寫下去了。

過了半天。

還是繼續吧！

當心理輔導員的生涯，有它自主和自由的一面，例如，面談的時間和約見次數都可由自己安排。一天見四至五個 clients 要用的心力可不少，我的最高記錄是一天見七個人，下班的時候，彷彿沒了「半條人命」。中醫有所謂「過傷」，意思是，在你為人療傷的過程中，也會將一些傷感染到自己身上。心情像是一個溫度計——見完某個 client 之後，你的心情會隨着他的抑鬱情緒也低沉下去。所以，一般來説面談時間是 50 分鐘，而在每個 client 之間最好至少留 10 分鐘讓自己透透氣，或收拾一下前一位 client 留給你的心情，才再走進另一個未可知的心靈世界。這樣，心理上的調節會比較健康。

入行至今五年了，一天見七個個案的安排，是在初入行一、兩年時發生。當時自己胸口彷彿寫上一個「勇」字，簡直不知天高地厚。如今？一天五個個案已經是「爆燈」，若突然接到 client 的電話，說身體不適或因 OT 而要臨時取消約見，我們甚至會喜出望外，視作「意外的禮物」！

剛剛接待員小姐就給了我一份禮物 —— 一位 client 來電取消約見，我也就安然休息一下。

我喜歡在忙碌工作之後，給自己買一份小禮物。桌上放着一隻 *Yo Yo Ma plays the music of John William* 的 CD，偷得浮生，就播放這 CD 自娛一番。

不知是否因為 John William 創作過不少電影配樂，他創作的大提琴作品也頗具電影感。就說第 5 首 *Elegy for Cello and Orchestra*，有人下過這樣的評語："If you ever heard yo-yo play, you know how well his cello can sing."

Yes，在我的 Bryston 合併機和 Dynaudio Micron 揚聲器的支援下，他的弦真的像唱起哀歌，頗配合自己此刻的心境。

錄音十分細緻，連他演奏時的呼吸聲也能聽到，真的如泣如訴。大提琴獨奏與樂隊的配搭也恰到好處。

CD 的封面是洋溢着自信笑容的馬友友和微笑的 William，是完美的組合。內頁有他們合奏時陶醉而有默契的照片，多叫人羨慕。

我想，這就叫做「識英雄重英雄」吧。如果僅屬短兵交接，問題不大，像我跟 boss 在大學時的接觸，就完全沒有問題。但近距離的接觸，就看到人性的陰暗。

我是念心理的，什麼是 idealization 、 identification 、

projection、relationship complex and competition，應該不只是頭腦上的認知。但在現實生活中，知道與經歷是兩回事。

Elegy 最後一個音符仍在空氣中盪漾。電腦屏幕上顯示出接收到 email 的訊息，是一位多年前的女 client 給我的 updates。她從神學院畢業已快兩年，現在工作的教會，主任傳道就是她在神學院的老師。是這位老師教導過她、又聘請了她，而現在又在工作上大力批評她，令她大受傷害，很想再找我「療傷」。

我連忙回覆了幾句帶共鳴的話，說好的師徒關係不容易持久，問題多出在師傅的佔有慾和父權的扭曲上，叫她不用太介意。我們應該結交不同的前輩，將自己對師傅的期望，「分散投資」在多人身上，這樣的話，即使其中一個出現問題，自己在感情上的倚靠也不致全然落空。

真不敢相信世上的事有那麼湊巧。似乎有不少人都遇到同類問題。

Most personal, most universal 。

電話鈴聲又響起。我關掉 Hi Fi 。

「OK ，我現在過來。」

第二節

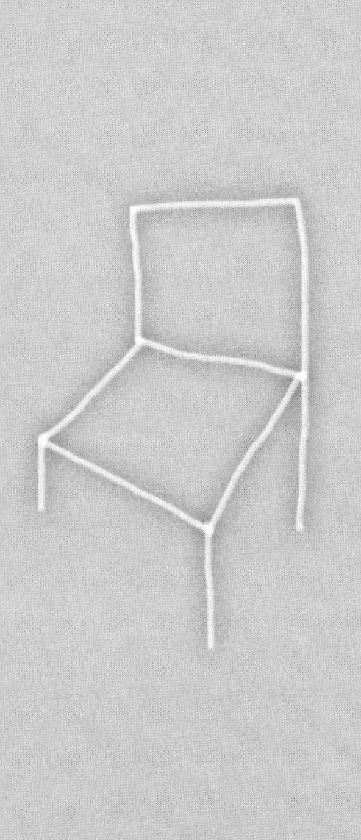

回到自己的辦公桌，

下意識地從書架中抽出 Maisky 的 CD，

放進 CD 機中……

突然間對他多了一分抗拒，

不想再聽下去，我關掉了 CD 機。

第三節

4:20pm - 5:10pm

約見 Jason

每次見 client 之前，我都習慣追溯上一次的傾談內容，像回憶章回小說一樣：上回講到哪裏呢？入行初期，我曾十分努力閱讀個案記錄，後來發覺要詳細記憶的需要不大，於是便只記重點，以及要跟進的地方。很多clients都有這樣的期望：我既然付了錢，你就有責任將我的故事細節記下。然而他們又擔心：你一天見那麼多 clients ，你會否記得我？

當輔導員，好像一個情緒的「收買佬」，要將client的感情，放在自己心裏。但「收買佬」的口袋總會有盛滿的時候，而且，有時候「收買」下來的都是一些情感的垃圾，裝載太多，對自己沒有什麼益處。

在這行業工作時日久了，已習慣每天下班後就將「袋」內的東西留在辦公室，除非是一些重大的危機事件，我現已很少為 client 緊張到不能入睡。這是我們確保自己能在這行業做得長久的絕技。

後來我發現了一個祕密——人只要返回同一個環境，記憶會自然重新浮現。例如，明明忘記了「章回小説」的上一回説到哪裏，但當走進同一間輔導室、坐在同一個座位，client 展露同一個表情的時候，上一次故事的細節又會重新被喚起。或許這是我吃這行飯學回來的基本功夫。何況，每個故事都有其主題，重要的主題自然會被主角重提的。所以，只要專心做一個聽故事的人，讓故事自然發展就是了。你的一個點頭、簡單的提問，已給予 client 足夠的信心。我們的意見怎也及不上他們的故事精彩。

但將要見的 Jason ，卻給我一份納悶的感覺——他不斷在重複自己的故事，彷彿向左走、向右走之後，仍然是原地踏步。所以，我也難得翻查他的個案記錄。而且，如沒有記錯，我已經很久沒有為他作過什麼記錄了。

我和 Jason 是在一個婚姻工作坊認識的。工作坊結束時，他帶同妻子 Anna 一起上前，説想找尋婚姻輔導，剛巧我有空檔，就接了他們的個案。

初見他們的時候，他們剛復合不久，太太 Anna 抱着很大的期望，希望能挽救這段青梅竹馬的婚姻。他們是中學同學，畢業後出來工作一段時間便開始拍拖，彼此都是初戀

（像我一樣），結婚剛五年。他們屬於早婚，現在兩人都還未過三十歲。拍拖、結婚至今，剛剛八年。當時可能是七年之癢作怪吧！ Jason 因感受到婚姻關係有點「食之無味，棄之可惜」似的，遂主動提出搬離共建的愛巢一段時間。當然，他很快就有婚外情。以他浪子的性格，又不敢向別人承諾什麼，那段關係很快就無疾而終。經歷了一次婚外情， Anna 不單沒有怪責他，還念記多年的感情，願意再接受他。初見他們的時候，他們就懷着重新開始的心情來接受輔導。輔導至今已經一年半，回顧輔導的過程，真是乏善可陳。

一般婚姻輔導的基本步驟，什麼追溯本源家庭、拍拖歷史、結婚以來關係的起跌、婚姻關係如何變淡的原因等等，我都逐一跟他們一起探究過了。初步總結是：Anna 全心全意的愛丈夫，純情的愛慕着美化了的白馬王子。是的， Jason 能幹、進取，在 I.T. 行內不愁沒有發揮的空間；樣子不算英俊，帶點冷酷，女孩子或會喜歡他的 cool 。

Anna也是一個可人兒，雖不算漂亮，但膚色雪白，臉上有一點雀斑，中等而略顯豐滿的身材，是一位中學教師，為人爽朗，平日不用上學時，打扮入時，絕對是追上潮流的。

他們的家庭生活正常，太太是傳統賢內助，每晚在家做好飯菜等待要開 OT 的丈夫回來一起吃晚飯，長假期時會一起去旅行，不知道他們婚姻有問題的外人，還會投以羨慕的眼光——他們不是青梅竹馬，天生一對的小夫妻嗎？人家還催促他們快點生一個「愛情結晶品」呢。

雖然有報告提過香港的夫婦疏於做愛，但無論如何，夫婦間的性生活，可看為關係的溫度計。平時，一切夫妻要做的事情：逛街、情人節送花、二人世界蠋光晚餐，Jason 都「交足貨」；惟獨閨房之樂則欠奉。

有時 Jason 會故意上網、晚一點上牀，甚至 Anna 主動提出性的要求，他都是勉強行房一兩次。對太太的冷感，是最令 Anna 費解的。 Jason 並非因為前一段婚外情所引起的內疚而未能行事，而 Anna 也真的沒有計較和追究。他亦不是沒有性的需要，但他情願上網，或觀看色情光碟來自慰，也沒有親近太太的慾望。

究竟他的心結何在？

在做了幾個 joint-session 都沒有什麼突破之後，我決定個別約見他們，希望先解開丈夫的心結，才談增進夫婦的關係。

然而自此後，就再沒有一起約見他們的機會；而且，只見他們彼此之間，愈走愈遠。

今次見 Jason ，他已再度搬出那個家，這次是為了追尋他虛無飄渺的夢。

「Jason，你終於搬到月租式的酒店。生活可好？」

「好痛苦，好寂寞。」

「有開始追求別的女孩子嗎？」

「你知道我並不是不愛 Anna。」

他又重複他心結的主題。他的心結是自己造成的，而且是一個相當「死」的結。

「我只是不甘心，我年紀太輕就拍拖。當時大家走在一起，感覺十分自然，如此就開始了。我沒有真正追求過 Anna，我好像不費力就得到了她；又從來沒有跟其他女孩子拍過拖，就結婚了。我好像未見過世面的傻子一樣。」

Jason 頓一頓，又說：「我只想她給我一個機會，去當一回浪子。也許，試過之後我會重新回到她的身邊。」

「你之前不是有過一段婚外情嗎？」

「那段不算是真的愛情。況且那時我還帶着有婦之夫的身分。我自問是一個負責任的人，身分未明朗，很難全情投入一段新的感情。」

「但你對要提出離婚，又舉棋不定。」

「因為我不想傷害她。我只是跟她沒有了愛情，她依然是我最好的朋友，也是最照顧我的人，我對她有感情。多年來，我們也建立起一份親情。」

「你不想傷害她，但你知道她是基督徒，難道你要她提出離婚？」

「我知道這是對她不公平。」

「那麼……」

「我不介意由我提出，但我又想她給我留一條『後路』……我有預感，如果我們離婚之後，有很大機會我會再重新追求她。我不知道這個想法是否奢望，然而我深深相信，她是我的最愛。但我若不擺脱這個已婚的身分，不嘗試先追求另一個女人，我就是不甘心。」

你大概也看到他自相矛盾的地方。其實他曾暗戀過一個女健身教練，是瞞着太太單戀那種。他説那女教練身材好，有「鬼妹仔」性格，是他追求的理想對象。不過那名女教練已有男朋友，他自己當時亦身分未明朗；Anna曾跟他一起到那運動室做運動，也曾猜測丈夫是否喜歡那個女教練。但他掩飾得很好，一直沒有露出馬腳。我雖然知道這個祕密，但基於保密的緣故，我也不能向 Anna 揭示。既然一切仍尚在他單戀的幻想世界裏發生，現實中並未有什麼行動，我也無謂揭他的底蘊。

「那麼，既然你已經再度搬離家中，想跟 Anna 冷卻一下，為何又經常回去呢？」

「我已經是乘她不在家的時候才回去，純是收拾一些信件和要更換的衣物。她説電腦無端壞了，我回去幫她修理；每次我離開時，她都依依不捨，我的心十分痛苦。」

説到這裏，他真的哭了起來。這已不是第一次，過去他也用了我不少紙巾。他對太太的關懷和親情，我相信是真的。每逢出外公幹，他都會買很名貴的禮物給她。Anna也曾向我訴説，Jason拋棄她，但又送禮物給她，使她感到十分混亂，問我是否應該對他仍抱一線希望？我也無言以對。

這或許就是我這個行業厭惡性的一面。輔導，是鼓勵受助者要真誠的面對自己；而我們見client的時候，是要以client-centered的角度去陪伴client面對他們的掙扎。一方面，在專業上我要盡量進入Jason的內心矛盾之中，了解他的痛苦所在；然而我內心卻有另一把聲音：這樣好的太太你都不懂珍惜，真是愚蠢！有時見到他沉溺於自己所捆的心結之中，自己內心也會有一些憤怒。但我也是一個很好的演員——我同樣戴着面具與他相處。

Jason的沉溺，令我想起一位俄國大提琴家Mischa Maisky，滿面鬍鬚的他，拉得一手感情豐富的大提琴，沉溺得有點不顧一切，旁若無人，他過分延長的振音（vibrato）

就是最佳證明。説真的，這種演奏相當吸引，有點感到琴音擴闊了自己的情感境界。人有時候也想偷偷沉溺一下。但聽大提琴演奏表現出的音樂上的沉溺，總比聽一個大男人可憐兮兮地説着些似是而非、自取回來的苦(更且已聽了一年多)好得多吧？真有點吃不消。

他稍微收歛了哀痛的心情，問我：「最近有見過Anna嗎？她似乎變了，變得比以前堅強。」

我心想，還不是多得你給她的「地獄式訓練課程」！

「雖然仍會見到有不捨的表情，但我感到她比以前開心。她好像多了一些朋友，也比以前少了倚賴我。以前處理不來的事情，現在都不再需要找我了。牆上的照片，是新掛上的，眾多相片中再沒有與我的合照，都是她獨個兒到澳洲旅行的照片，充滿陽光氣息……似乎沒有了我，她也可以快樂的生活。」

「聽來你心情十分矛盾，你看見她能獨立、快樂的生活，一方面如釋重負，但又似乎若有所失。」

我暗笑，這不都是我的功勞嗎？單獨約見Anna的時候，我給她最大的禮物，就是幫助她將自我形象和自我價值，與自己婚姻的景況分別出來。因為一個被遺棄的女士，最容易有的感受是：一定是自己比不上其他女孩，不然丈夫為什麼不愛自己？我幫她弄清楚，這段婚姻問題的「主兇」是她的丈夫，她不該自我貶抑，反應從多方面去建立自信。於是，她透過在工作方面的進修、到老人院做義工，並到外地旅遊來充實自己。丈夫拖拖拉拉多時，現在又再度搬走，這反而給她提供了一個空間──過去，她全副心思都專注放在丈夫的起居飲食上，以及這段不快樂的婚姻生活中，如今像重獲自我。

第三節

他點頭，默認了我準確的觀察。

「其實，這也是迫出來的，你應該明白。」

我不知道他可有聽出我說話中的敵意。輔導的大忌是take side ，這樣會使輔導員失去中立和客觀的位置。

我失卻這中立的位置，不是沒有原因的。

有一段相當長的時間，每次見Anna，她都是以淚洗面，縱然偶有笑容，卻是笑中有淚。我感到內心有一個「陌生的我」，想要扮演一個「英雄救美」的角色。她年輕、有學識、爽朗又有時代感。有一兩次，當她哭得厲害的時候，我真想上前擁她入懷。我怕自己一發不可收拾，幸而未有超越這專業的界線。我為此不安了好一段日子。我好像被一顆子彈射中一樣，沒想過自己的情感會被牽動，真的不知所措。

行內不時傳出一些男輔導員與女受導者超越界線的醜聞。輔導室的門一旦關上了，一對成年人要做什麼事都可以，也沒有其他人會得知。何況輔導員最明白「心術」，要將一個感情脆弱的女受導者操弄於掌上，並不是一件難事。而最令人防不勝防是，這條高度危險的界線，有時候，是雙方都會不自覺地掉進去。

他聽了我這句評語，悲從中來。

「你可知我何嘗不痛苦！昨晚買了半打啤酒，半夜一個人到海邊，抽煙，喝啤酒。我恨我自己！說真的，我今次離開完全不是因為有第三者，我只是想試試一個人的生活。她為什麼不給我一個機會？只要她答應跟我離婚，大家都不用有什麼承諾。或者天各一方之後，過一段日子大家再碰面，我會再追求她。她只要答應到時不要不給我機會，我就是離開，或真的離婚，她不用違背她的信仰，我也願意。」

第三節

他翻來覆去的，令我十分厭煩。

「你好像相當矛盾。」這是一個相當「行貨」的回應。事實上我開始憤怒，但又不能表達出來。

昨天跟同事們一起開個案討論會，這是專業上的要求，也是交流。在個案討論中，不會涉及當事人的詳細資料，但憑基本資料和一些個案情節，也可以讓同事間互相討論，並提供一些不同角度的意見。

一位女同事負責一個婚外情的個案，她輔導的是那位第三者。那名 client 是一位二十多歲的祕書，因家庭不愉快，搬離獨居；最近捲入一段感情，對方是朋友間介紹認識，因為同是 I.T. 界，所以多了一些話題。經過兩三次 karaoke 的聚會，見那位男士似乎十分憂鬱，唱起失戀的歌都特別投入，便開始注意他。之後，他們便開始了約會。

但這位「男朋友」的舉動卻十分古怪，例如在公開場合總是與她保持一般社交距離，不敢公然與她拖手，但私下相處卻十分痴纏和熱情奔放，不過這份熱情又會顯得忽冷忽熱，令她十分困惑。

一次性愛後，這位男朋友才自我揭露，他是有婦之夫，雖然與太太沒有愛情，但又捨不得她。這種把持不定、索求她的慰藉後又忽然消失一段時間的表現，令她十分痛苦。

因為這位 client 已經不是第一次戀上有婦之夫，她懷疑自己為什麼偏偏陷進這些三角關係，而又總是以奪人所愛的第三者角色出現？這令她十分困惱，所以希望透過輔導，能處理目前感情的折磨外，也能了解自己的盲點，日後不再重蹈覆轍。

當我的同事將故事娓娓道來時，憑我的偵探頭腦，雖然一切真實名字和資料都沒有明言，但我已猜到個案中的這位有婦之夫，就是我面前的 Jason 。

在這個資訊爆炸的年代，有時候，資訊過多可以是一種煩惱。這一次，我知道了一些不應該知道的實情，我可以如何有效利用這些從旁得來的小道消息呢？

我當時的頭腦並沒有這樣清醒，我只躊躇着：這位仁兄搞什麼把戲？既然不想說真話，就不要來尋求輔導呀；就是說真話，我雖未必一定幫得到什麼，但刻意向我隱瞞事實，令我未能掌握實際情況，又怎能切實的幫助你呢！

他明明說，搬離家是想自己冷靜一下，思量這段難捨的婚姻該如何處置，但我屈指計算一下時間，當時他應已搭上這名第三者。

看他對待這段感情的方式，又真的不像是真心愛這第三者。這位可憐的第三者，只是他感情上一個過渡人物，甚或是發泄什麼情、愛、性的工具。看來他委實放不下太太Anna，究竟是出於內疚？還是太強烈的責任感？他似乎不是有心欺騙感情，但又顯得如此放任、不由自主。

我應該拆穿他的面具嗎？但，既然他始終執迷不悟，我又如何有能力把他從沉溺中拉上來？太費力了。

但我仍然不能自制的問他：

「在這段與太太分開的日子，不是正好實現你想追求另一些異性的大好機會？」

「哪裏有心情？一天未離婚，我也不會開始新的感情。我要向太太證明，我這心結並不是第三者所致。」

第三節

他簡直在睜着眼睛說謊！真令人泄氣。我過去不是一直都真誠待他嗎？他吐露的任何不光彩的事，我都表達對他的接納，這樣也不能獲取他對我說真心話的信任，我真是沒用。

「連一個女孩子也沒有闖進你的生活？」

「這段日子經常出差，到歐洲開會。每到一個地方，我都想買最好的東西送給 Anna；要不然就躲在酒店裏。平日晚上下班後，我都是上網，登上 e-bay 投一些 HiFi 配件，寄情『膽機』。有時會換換新的『膽』，來試 HiFi 的聲音。」

你何止換「膽」，你還換女朋友呢！你不單止換「膽」，更如此「沙膽」，跟我玩「捉迷藏」！罷了，他大概無藥可救。

「我沒有玩過『膽機』，但我知道聽 Jazz 的溫暖空氣感特別吸引，不過我較多聽古典音樂，特別是大提琴獨奏，這些用『膽機』聽還可以，但論到聽大型的管弦樂，我想『膽機』的力度應該不夠強勁，低音部分未能潛到深處。」

「你對『膽機』的觀感太古老了，今天的『膽機』已十分先進，你的不同要求，統統可以用不同的『膽』來表現不同的效果，像你換一條音源線一樣，立竿見影。」

「那麼神奇 ?! 有機會真要到 HiFi 店試試。哪一間最齊備呢？」

「鴨寮街有一間二樓店很不錯。」

跟他玩遊戲，「撐艇仔也不能撐得太遠」，我還是划回來：「那麼，在心情不好、寂寞的時候，你喜歡聽什麼音樂？你知道音樂也有治療作用嗎？」

「最近重聽林子祥的《最愛是誰》，有很大的共鳴，特別是那幾句：

為何離別了，卻願再相隨？

為何能共對，又平淡似水？

問如何下去，為何猜不對？

何謂愛，其實最愛只有誰？」

說真的，我覺得他最愛的不是別人，而是自己。他不單沉溺，也相當自戀。他曾經對我說，他的心結十分特別，世上找不到另一個像他一樣的痴情漢子。

像林子祥這樣的歌，是由男人作曲、男人填詞，是男人自己唱和自己愛聽的歌，歌曲不外乎訴說自己的苦戀，是情不自禁、不能自已的抉擇，説穿了是根本不明白愛是怎麼一回事。Jason 的問題是：他愛自己太多，愛別人太少。

有時候，我真的想將他的真相告訴 Anna，但「保密」像一個「金剛箍」一樣，將我牢牢套住。Jason 在私底下向我説的事情，未得他同意，我是不能告訴 Anna 的；只能由 Jason 自己主動去講，如他不肯，我只能由他。

Jason 的隱瞞對個案的進展完全沒有好處。而我更彷彿是一個與他合謀隱瞞的伙伴，甚至我也默許，大家戴着面具、玩「捉迷藏」；他既肯支付面談費用，我就像個「慰安婦」一樣，作出這「專業的服務」，為他提供一個沉溺、自憐、自説自話的空間。我恨自己這樣。

看看手錶，50 分鐘又過去了。

第三節

是時間的流逝救了我，我是無法自救的。怎樣打圓場好呢？

「時間差不多了。最近還要出差公幹嗎？」

「下星期會去法國、英國兩星期。」

「你的居所，真像一間酒店。」

「從一間酒店到另一間酒店，沒有一處是屬於自己的地方。」

他又自憐了。我還是快快了事算了。

「那麼，希望你不再做一個流浪漢，盡快找到一個可安居的家，找到自己的最愛。在從一間酒店到另一間酒店之間，也可以看看這個多彩幻變的世界。不過，我相信最變幻莫測的是人心，希望你的心有安定的一日。」

「不如我出差回來後，再約見吧！」

「That's fine, see you then.」

回到自己的辦公桌，下意識地從書架中抽出 Maisky 的 CD，放進 CD 機中……突然間對他多了一分抗拒，不想再聽下去，我關掉了 CD 機。

電話又響起……

第三節

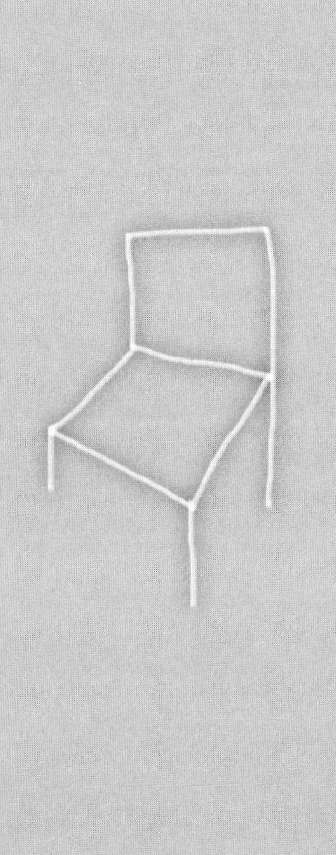

Jackie 是我夢想的大提琴女神，

她的笑容、風姿，拉弦的力度，

感情的滿溢，絕不比男性的大提琴演奏家遜色，

she is the best among all。

過場

5:30pm - 7:15pm

「你們想邀請我講一節婚姻講座嗎？」

不知從什麼時候開始，心理輔導員成為現代城市人的「萬事通」，不論大小問題，彷彿輔導員都精通，都有話要說。當然，在我們這行的專業倫理上，有一項是要求我們要回饋社會，作一些自願性的服務工作，例如到學校辦家長講座，到教會團體辦家庭工作坊，這都是「外快」的好來源。幾年前，還出現了一些「志願團體」，邀請講者舉辦講座，事後只致送錦旗一面，沒有酬金或車馬費，這些機構自然要納入「黑名單」。

「我哪裏是這方面的專家，不過是一些經驗分享而已。」

「酬金方面——你知道我們也樂意服務大眾，就按你們機構的慣常做法就可以。若要一個參考，大概一千元一個小時吧！」

「好，我會記下時間、地點。」

「題目方面，你們可以提議。夫婦間的一般相處問題，我也有一些心得，至於男女溝通、衝突處理等，都不是問題。」

「好的，多謝你的邀請。」

才掛線，電話鈴聲又響起。是太太打來的電話。

「是，老婆大人，怎麼樣？」

「今晚不回家？……不是仍在生我的氣吧？」

「你想幫姨甥女補習，但也不用在你媽媽那邊留宿吧？你一定還在生我的氣。」

「我的名片上印有電郵地址，有女client要給我電郵，我也無法不收的呀……好吧好吧，我不回覆她們好了。」

「有什麼不開心，不妨坦白說出來……我不是要輔導你，我怎麼敢……」

「總之，你不要在外母家中留宿好嗎？這樣吧，我放工後來接你。」

「不用?!」

「喂、喂？」

太太掛斷了電話。

真諷刺，萬事通的婚姻專家來了 !! 有什麼疑難，大可在我的講座後發問。哈哈。

現在是五時半，要到七時半才有最後一個 client 。看來今晚應該沒有「住家飯」吃的了，還是趕快到茶餐廳吃個快餐，之後還可到 HMV 選購 CD 。

其實我對這些 Mega Store 又愛又恨。走進古典 CD 的陳列間，舒服的環境，悠揚的音樂，不同版本一概齊全的 collection，還有熱賣中的 CD 可以試聽，但整體價格就較外面小店高二、三十元。為什麼不採取「薄利多銷」的策略呢？累得我在 Mega Store 看中的 CD ，卻要到一些小店去「格價」，真是費時。不少次因心急想先聽為快，被迫要在這些 Mega Store 買，這是現代消費者的無奈。有時不期然會有「自憐」的念頭閃過——要不是起初念心理學，今天便有可能在商界發展，這樣花起錢來就爽手多了。

Jacqueline du Pre’ 與 Sergin Celibidache 合作的 Dvořák Cello Concerto 竟然重新發行，這版本非買不可。Jackie 是我夢想的大提琴女神，她的笑容、風姿，拉弦的力度，感情的洋溢，絕不比男性的大提琴演奏家遜色， she is the best among all 。

有些敍述名人生平的電影，傾向選取人物在成長中受到的傷害、引致心理不平衡的角度，我對於這種手法大多不以為然。《她比煙花寂寞》（*Hilary and Jackie*）就是這樣一套電影。

無疑，這套電影對於兩姊妹之間競爭、比較和愛恨交纏的關係描寫得很細膩。 Jackie 發憤苦練而超越平凡的姊姊 Hilary ，最終踏上演奏家的寂寞路途。

電影描寫有關她與Barenboim的婚姻，以及她後期因患多發性硬化症而英年早逝的經過，描繪得悲苦了一點，也有抹黑 Barenboim 之嫌，令我再聽 Jackie 與 Barenboim 合作的曲目時不覺像打了折扣一樣。

我明白一個人所遭遇的痛苦愈多，情感就愈豐富，但影片中有一幕暴露了她的崩潰、以致赤裸躺臥於荒野的一段，簡直將我心目中女神的形象徹底拆毀。

電影改編自Hilary的原作*A Genius in the Family*。我懷疑 Hilary 是否借這本小說以報復妹妹奪去了她的掌聲。

Teldec 的出品，兩首大提琴協奏曲，分別由兩位指揮家指揮。當然 Celibidache 是我的摯愛，他指揮的德伏扎克（Dvořák）確實無懈可擊。為什麼要將 Barenboim 指揮的 Saint-Saens 收錄進此 CD，令這隻 CD 有點不夠完美？雖然在電影裏Barenboim被抹黑的可能性相當高，但我就是不喜歡他的風流形象，是他，令我的女神落入極度的寂寞。

CD 的封套是藍色的背景，長髮的 Jackie 笑容滿面，正舞動着充滿音樂細胞的身體——再貴也得立即買回辦公室，先聽為快！

過場

回辦公室的途中，看到前面有一對母子的背影，那個男孩已然二十歲左右，仍要母親拉着在街上走，母親看來像要為他「開路」似的，不讓任何「障礙物」，包括行人，碰到自己的孩子。可憐的母親，可憐的男孩。

走近了，才認出那個男孩是我在學實習期間的一個client。那時的他個子瘦削，被同學取笑他笑起上來像「淫笑」一樣，又得不到老師、學校社工和父母的保護，於是有時會動武來還擊同學，但又反被同學誣告，甚至被老師處罰。他本身十分聰明，IQ130，數學最了得，但因EQ差勁，便被送到我這裏來接受輔導。

那時，我不外乎教他一些人際技巧，例如運用「自我對話」來抵抗同學的嘲諷，以及改變一下自己的笑容，來緩和他的「逆境」。我畢業後，就沒有再見他。

如今，他的背影告訴我，他終究是沒有將自己高 IQ 的潛質發展出來。他身體發胖，動作怪異，相信是一直沒有好轉，現在連外出也要母親照看，是思覺失調的病徵。身體發胖，肯定是服食精神藥物所致。

我本來是要趕回辦公室，但又不想給他看見自己，於是便放慢腳步走了一段路。不過他委實走得太慢，為了不想遲到，我不得不繞道走另一條路。我最怕見到一些人性得不到尊重，我的意思是指那些原本可以像鮮花般盛放的生命，卻被人性醜惡所扭曲。就像這個年青小伙子，IQ130、EQ 卻低的他，只因受到同學的欺壓和侮辱，竟變成一個需要母親全天候保護的人。

人性的可塑性和可被毀壞性，對比實在太強烈。每逢見到一些殘障人士在街上行乞，又或者精神病患者緩慢的腳步、呆滯的目光，我的心都會不期然地抽搐。

我作為一個心理輔導員，打起解人心結的旗幟，肩負為人去困解憂的大任，但面對這類慘不忍睹的場面，我也只能選擇繞道走。

繞過這對母子之後，我頭也不回的回辦公室去。

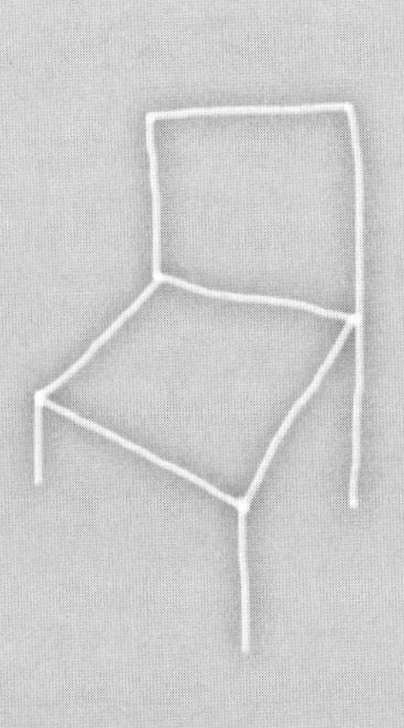

她以非常失望的表情看着我。

她沒有收回張開的手。

她還在等待我的反應。

時間，像停頓了似的……

眼前的人，是 Jane？還是 Jackie？

第四節

7:30pm - 8:20pm

約見 Jane

終於來到我一天工作的最後一個小時。

我是否應該如實的將這一整天記錄下來？我開始懷疑自己作這個記錄的動機。

是讓你知道一個 wounded healer 的真實面貌，以博取你的同情？

是讓你看到一個 healer 被 wounded 的過程？——在這一天裏，我出現過多少次「受傷」的「位」？可能你覺得我只是輕描淡寫的發發牢騷，這些經歷，在你眼中是微不足道。

又或者，我是用文字來heal the wound，是字療，也是自療。你看，我又在玩文字遊戲。

寫到這裏，我心裏有一種 resistance 不想寫下去。留下這些記錄有什麼好處？

這刻，我心只想快快過了這個 session，還要到丈母娘家「補鑊」！但我這行業最危險的「位」，也在這裏——當你自己感情最脆弱的時候，麻煩總是趁機要冒出來。

回到辦公室，還未有空聽一聽Jackie的CD，「催魂鈴」又響起——client 比預約時間早到了。接待員小姐還輕聲提示：client 是哭着臉來到的。

沒辦法，早點見她吧！

面前的 Jane ──其實不是 Jane ，她是 Jackie 。

三十歲的她，有一個像 Hilary 的姊姊，自小活在姊姊的影子之下。兩姊妹在同一間名女校就讀，姊姊是校花，成績一直名列前茅。 Jane 也是優才生，但在姊姊面前總給比下去。

她的父親是商人，富有藝術氣質，愛聽柴可夫斯基的音樂。但父母的婚姻不算愜意，因為母親的情操和品味跟父親不太配襯。商場上，父親廣交朋友，但私底下卻過着不快樂的生活。Jane雖然沒有得到應有的掌聲，她仍然是父親的可人兒，深得父親偏愛。 Jane 便成為了父親的傾訴對象。

她的母親是一名護士。因父親收入不錯，曾勸她不用工作，但她不願意。母親將家裏弄得像醫院一般清潔整齊，外表美侖美奐的家，家人間的感情卻是相當冷漠。母親偏愛姊姊，因為出色的姊姊為她添上不少光彩。對 Jane 則有點疏遠，也許暗地裏，她不喜歡丈夫以 Jane 為傾訴對象。

Jane是天生的藝術家氣質，從她父親身上遺傳了多愁善感的性格。她長髮，瓜子臉，是一位時裝設計師，衣着當然有品味，不是濃妝艷抹，而是清麗脱俗那種。她微笑的時候，很像我的初戀情人。

我見她已有半年時間。她來接受輔導，是因為婚姻不愉快。

她的丈夫 Peter 是一位醫生，冷靜、能幹，是某大醫院的 consultant。他們是大學同學，丈夫是她的師兄，也是眾人心目中的白馬王子。兩人在大學畢業前就拍拖，之後 Jane 到紐約讀時裝設計的碩士學位。兩地相隔了一段時日，只透過書信、電話往來溝通，或許由於有一種空間的距離，二人的心能互通；相思極致的她，趕不及在紐約舉行的畢業禮，就回來結婚。

很奇怪，Jane 的父親曾經勸她，說 Peter 是一個好人，也是能幹的醫生，但他知道 Peter 不適合她。那時她大惑不解，而且情到濃時，哪管得上爸爸的忠告？結果，如父親所言，二人結婚將近四年， Jane 一直沒有快樂過。

有時候，我們的思考邏輯是：能得到父親的疼愛，大概會是心理健康的人。但原來父母 good enough 就可以，Jane 的父親，似乎屬於 too good 的一種。

第四節

對於父親的好， Jane 有着深刻的回憶。小學階段 Jane 常因與姊姊比較而不開心，躲在自己的房間，不肯出來吃晚飯。媽媽通常會大發雷霆，而父親卻總是十分有耐性和溫柔的逗她開心，總有辦法令她乖乖的坐到飯桌前。

相對於她的爸爸，丈夫 Peter 是「冷酷不仁」的。夫婦間有不快是平常事，但 Peter 從來不會走到她身邊，逗她開心；她不肯吃飯的話，他就獨自進食。這種不顧她的情況，令她十分痛苦。彷彿父親真的有預知能力：Peter 雖然是一個好人，但情感上卻不適合她。

進入輔導室中，她已拭去眼淚。若不是接待員小姐告訴我，表面上看，她掩飾得很好。

「你早了一點到來，有緊急的事要處理嗎？」

「沒什麼，我沒打算要提早見你，只想靜靜的在接待處坐一會。對不起，要你早來了。」

「沒關係。你似乎心情不佳？」

「還是老問題，我跟 Peter 的相處，都是沒法解決的了。」

「發生了什麼不愉快的事？」

「我知道他在情感上是天生有缺憾的了，不像我的父親那麼善解人意，願意聆聽我的話。」

這是他們夫婦相處上問題的主題，是相當典型的。Jane 是情感上的「追逐者」，需要人的愛護和安全感，要人能交心、分享和親近，這是她最大的情感需要。但 Peter 卻是情感上的「抽離者」，愛抽離，這跟他成長的本源家庭有着密切關係。 Peter 的母親有情緒低落的病徵，他的父親因工作緣故，未能兼顧照顧太太， Peter 於是成了母親的傾訴對象，而他是被迫聆聽。看見母親心情像天氣變化，他就像大禍臨頭。面對母親不穩定情緒的最好方法，是不回應、不表態，只是坐着、不離開，當沒事發生一樣，讓母親自然平復就是了。最好就是不留在家中，人不在，就毋須處理母親那些叫人窒息的情緒。

Jane 是知道 Peter 的問題所在。一次與她分析她的一個惡夢，聰明的她，頭腦上是知道問題所在的。夢中，她看見 Peter 在醫院出現，但他的身分卻不是醫生，而是一個半身不遂的病人，要用手杖輔助才能行走。她從他的身邊經過，突然有人衝過來，險些碰倒Peter， Jane本可以上前扶他免被撞倒，然而她卻沒有，反而自己閃開。她為此感到傷痛，既因為接受不了丈夫變成殘障的事實，也因為自己缺乏感情的支持而無力扶助丈夫。從夢中醒來，她的眼中仍然有淚水，轉身看着熟睡的丈夫，不禁飲泣。

她知道丈夫在情感上是殘障的。他抽離的性格，是對母親澎湃情緒的一種應付機制。她知道自己不應該怪他，甚至要拯救他，但她在有心無力的同時，自己也有很大的需要——他不是應該像父親般待自己嗎？

「但我看得出，今次他不聽你，令你十分傷心。」

她感到釋然，以眼神表示對我的欣賞，彷彿在說：你為何這樣善解人意？她不用說什麼，我像能猜中她的心事。

其實，這也是我們這行業的神話。因為要聆聽的對象並非自己身邊的親人，我們可以有一種抽離的冷靜。換了要聆聽的是我的太太，我會較容易防衛及保護自己，也未必能全心全意去聆聽。這種發生於輔導室內的同理心，比現實生活中來得容易，正因為與自己沒有直接關係。

Clients 對我們的美化是可以理解的。也不用將他們的「誤解」點破。

「是的。我一直沒有跟你說，我有一個弟弟，在美國。他像我一樣，同樣愛好藝術和音樂，也有父親憂鬱的性格，自小十分內向。後來到了美國發展他的藝術天分，最近更第一次開個人畫展。

「但他並不快樂。每次到美國我都會探望他，跟他喝咖啡、傾談。今次探望他，見他滿懷心事，問他又不肯當面說，只說在 email 才跟我談。

「昨天收到他一封長長的 email，他像傾倒壓抑多年的鬱結，告訴了我一個祕密——他是同性戀者！

「我知道後，差不多要崩潰！Peter在家，我忍不住哭着告訴他，但他卻像一塊大石般冰冷，沒有半句安慰的説話，木無表情的，沒有任何反應。這事我可以找爸爸傾訴嗎？爸爸知道後一定也會崩潰！我不能去找他……」

她幽幽地説：「我像一個孤兒，在一個荒島上自生自滅。」

她是如此的惹人憐愛。

我也盡過專業上的本分，提出約見Peter。無奈Peter不願來接受婚姻輔導，是放不下自己的尊嚴吧！我為Jane多走一步，主動致電給他，邀請他至少與我面談一次也好，然而他一口拒絕，説不信這一套。

自此之後，我發覺自己在輔導 Jane 的時候會加倍用心，給她的回應，也是精心設計過的，在腦海中仔細盤算修飾過才說出來，為要給她一個好印象。

與 Jane 傾談的 50 分鐘，時間好像過得特別快。本來，她的情緒比起初期已較穩定，不用再每星期約見，但我卻沒有主動將那些面談次數隔疏。我知道她需要我。我知道，有時候我像取代了她父親的角色，有時候，她又當我是 Peter，怪我對她冷淡。這些輔導上的「移情作用」，我都瞭如指掌。而且，我也甘心樂意作她那些內在人物的投射對象。

慢慢地，她想知道更多有關我的私人生活。我們的話題，也開始擴闊，從古典音樂的交流，到小說情節的分析。作為輔導員，我懂得「理性化」這些分析，並跟她內心的情境作出比較，幫助她更明白自己。

偶爾，她也會問起我的太太。

我知道，我跟她的在輔導上的合作關係已亮起紅燈。

每當她這樣問起，我都是輕淡地掠過，或者支吾以對；想轉話題，她又會撒嬌，硬是要知道。

她也主動向我要名片，又問可否給我 email 。

我就說，有什麼事情，最好在 session 內處理。——除非，是十分緊迫的事，我也不介意她給我 email 。我知道，對其他 clients ，我或許不會留下這條「尾巴」。

這一陣子，她不可能真的有很多緊急的事吧！——我這樣安撫自己。

我又說，我未必會回覆她的 email 。她顯出一副無奈的樣子。

記得上一次，她更說在夢中見到的，不是 Peter ，而是我。那是一個婚姻講座的場合，由我主講，她坐在演講室的一角，覺得我刻意不望她，逃避她的眼神。講座結束後，有很多女士擁在我身邊發問，她可憐地站在一邊等我；突然間，我消失了，飛到一座大廈的樓頂，她要逐級逐級地爬樓梯上來追尋我，但當她到達頂層，我又消失不見了。她獨個兒坐在空無一人的天台，哭過不休。

她在睡夢中真的哭了出來，驚醒了丈夫。Peter 拍了她一下，見她不作聲，又再睡覺。他大概不知道，自己太太哭泣的對象轉移了。

專業上的我，跟人性的我，不時在打架。

專業上的我，了解她所投射出來的心底渴望，我也理智的承載，並幫助她解決這些未能滿足的的內心渴求，引導她以理性、平和的方式去表達自己的需要，接納 Peter 的限制。我也會幫她，為自己不可能有一個像父親般的丈夫而哀悼一番；這不是容易的過程，但經過之後，她就不會再過分追逐 Peter，而 Peter 也許就會較易有心力去回應她的需要。他們的婚姻，仍然是有希望的。

然而，人性的我，卻喜歡她婉約柔弱的性格，我彷彿可以保護她。不像我的太太，那般硬朗，直截了當，沒情講。我也喜歡她的長髮、她的品味、她的一舉手一投足。她像我的大提琴女神Jackie，情感豐富、脆弱。有一次約見後，在向她說再見時，我幾乎脫口而出── Jackie 再見。

這一次，她受的傷可真重。

第四節

她身邊所有的男人，都有問題。弟弟是同性戀者，Peter在情感上有殘障，爸爸仍然有抑鬱的傾向，最近還有老人癡呆的跡象。至於我，無疑可給她一個倚靠，但輔導室是一個不真實的空間，任何人想打破這個虛擬空間的玻璃牆，都只會招致頭破血流。

此刻，她像極了電影中的Jackie，而且是我不想見到的脆弱的Jackie——赤裸裸的在荒野，一個受傷的小女孩，無人照顧、疼愛。

「你感到自己在一個荒島上，呼救無援。」我弄不清楚，自己到底是在對 Jane ，還是在對 Jackie 說話。

她哭了。

我遞上紙巾。

她繼續哭。

我把紙巾一張一張的遞過去。

情感上，她需要被人擁抱。Peter 做不到；她父親也不在身旁，而且反過來她開始要照顧年邁的父親。這一刻，她是徹頭徹尾的孤兒。

至於我，我坐在自己的座位上，可以做的事只是遞上紙巾。我不想打破這虛擬空間的規則。

良久。

她仍然在啜泣。

似乎哭得久了一點。

我可以說什麼來安撫她？

良久。

她終於開口：

「在紐約讀書的時候，爸爸不在身旁，與Peter又是兩地相思，我耐不住寂寞，開始返教會。美國人的文化十分親切開放，記得那位外籍老牧師，見面時總給我一個big hug，令我覺得十分舒服。」

我回應得很有技巧：

「中國人的文化就很不同。在中國社會，當女兒踏入青春期，為人父親的也不會再隨便擁抱自己的女兒。這似乎很可惜，但文化是多年累積下來的，有它為人接受和遵循的原因，不容易一下子打破。」

我又補充（顯得有點畫蛇添足）：

「事實上，我們做輔導的，對這些 body touch 都十分小心，惟恐引起client的誤會。——不過在心理上，或說是在心靈上，我們會用說話來給 client『另類』的 hugging 。」

「William ——」

她很少這樣親切的稱呼我。我突然感到有點恐懼。

「可否暫且放下你專業的外衣，就當我是一個普通的人？有時候，你比 Peter 更冷哩！」

她不知道，她見到我的「冷」，正是我用來保護自己的專業外衣。

她突然從座位中站起來，向前走了兩步，就在我跟前停下。

「已經沒有人願意進入我的內心，去明白我。你是最了解我的一個。」

她張開雙手。

「給我一個 hug 吧！」

我連忙也站起來。卻是後退一步。

她以非常失望的表情看着我。

她沒有收回張開的手。

她還在等待我的反應。

時間，像停頓了似的。

眼前的人，是 Jane？還是 Jackie？

拒絕她，不是太殘忍了一點嗎？

Just a hug, no big deal.

第四節

地鐵站內的播音此時響起：「請勿超越黃線！列車即將到站，以免發生危險。」

我是 give her a hug ，還是 take a hug from her？ give 與 take 之間，我有點 confused……

書架上一本紅色封面的書突然跳了出來，書名是：*Sex, Power & Boundaries* 。

存在主義哲學家的挑戰，猶在耳邊響起——

To be or not to be.

在外母家中的太太正等着我。或者是我正等着去接她。

輔導室的門關上了，兩個成年人，在等待一個萬劫不復的抉擇。

輔導室內，連空氣也彷彿凝住了。

當然，我沒有因此死去。

否則你也看不到我所寫的，這本可憐的一日日記。

我怎樣處理這殘局？

這部分，應該是由「金剛箍」管轄的範圍。

第四節

（這「金剛箍」，鎖得我好緊！）

你也不想我丟失這個「飯碗」吧！

以下部分——